GW01605348

Un poisson
est
un poisson

Texte français : Adolphe Chagot

Titre original : « Fish is Fish » (Pantheon, New York, 1970)
Loi n° 49.956 du 16 juillet 1949 sur les publications
destinées à la jeunesse : novembre 1985
Dépôt légal : septembre 1990
Imprimé en France par Mame Imprimeurs à Tours

Leo Lionni

Un poisson est un poisson

l'école des loisirs
11, rue de Sèvres à Paris 6

En bordure de la forêt,
un têtard et un vairon nagent au milieu des herbes d'un étang.
Ce sont deux amis inséparables.

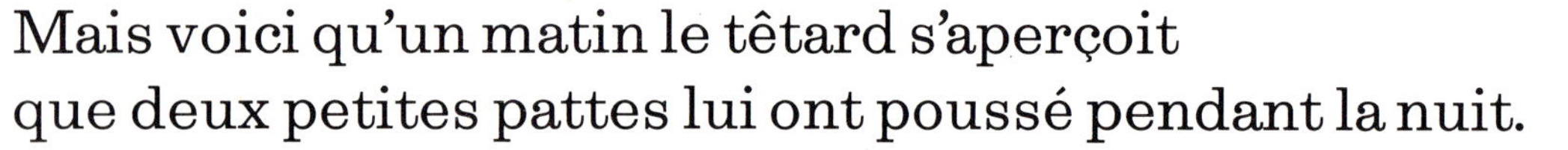

Mais voici qu'un matin le têtard s'aperçoit
que deux petites pattes lui ont poussé pendant la nuit.
"Regarde!" dit-il tout fier. "Regarde, je suis une grenouille!"
"Allons donc!" dit le vairon. "Comment pourrais-tu être
une grenouille alors qu'hier soir tu étais encore
un petit poisson comme moi!"

Ils discutent longuement et, pour en finir, le têtard déclare :
"Les grenouilles sont des grenouilles,
et un poisson est un poisson ; c'est comme ça et pas autrement !"

Dans les semaines qui suivent, la queue du têtard devient de plus en plus petite et deux minuscules pattes lui poussent à l'avant.

Enfin, un beau jour,
le têtard, qui est devenu une vraie grenouille,
sort de l'eau en grimpant sur la berge.

Le vairon lui aussi a grandi et est devenu un beau poisson.
Il se demande souvent où est parti son compagnon à quatre pattes.
Mais les jours passent, les semaines passent,
et la grenouille ne revient pas.

Pourtant, voici qu'un jour
la grenouille fait un joyeux plongeon dans l'étang.
"Mais où étais-tu donc?" demande le poisson en frétillant.
"J'ai découvert le monde, en sautillant par-ci, par-là,"
répond la grenouille, "et j'ai vu des choses extraordinaires."

"Lesquelles, par exemple ?" interroge le poisson.
"Des oiseaux," répond la grenouille d'un air mystérieux.
"Oui, des oiseaux !" Et elle raconte au poisson des tas de choses sur les oiseaux : qu'ils ont des ailes, deux pattes, et des plumes de toutes les couleurs.

Et pendant qu'elle raconte, son ami croit voir voler des oiseaux pareils à de gros poissons à plumes.

"Et puis, qu'as-tu vu encore ?" demande-t-il avec impatience.

"Des vaches," dit la grenouille. "C'est drôle, les vaches ! Elles ont quatre pattes, des cornes, elles mangent de l'herbe et elles portent des sacs roses pleins de lait."

”J’ai vu aussi des gens,” continue la grenouille, ”des hommes, des femmes, des enfants.”

Et la voilà partie à bavarder sans arrêt, jusqu’à ce que la nuit tombe sur l’étang.

Mais le poisson a la tête tellement pleine de choses merveilleuses, éblouissantes de couleurs, qu’il ne peut s’endormir.
Ah ! Si seulement il pouvait bondir comme son compagnon et aller à son tour découvrir ce monde étonnant !

Mais le temps passe… La grenouille est repartie
et le poisson reste là, rêvant au vol des oiseaux,
aux vaches broutant dans les prés, et à ces animaux étranges,
dressés sur leurs pattes, qu'on appelle des gens.

Un jour, enfin, il se décide : il arrivera ce qui arrivera !
Mais il faut que, lui aussi, il aille voir tout cela !
Et, d'un vigoureux coup de queue, il saute hors de l'eau sur la rive.

Il atterrit sur l'herbe sèche et tiède et reste là, suffoquant, incapable de respirer ou de bouger.

"Au secours," gémit-il faiblement.

Par bonheur, la grenouille chasse les papillons dans les parages.
Elle l'aperçoit et, vite, de toutes ses forces,
elle le repousse dans l'étang.

Encore tout abasourdi, le pauvre poisson flotte un moment entre deux eaux. Puis il reprend son souffle et laisse l'eau pure et claire emplir et rafraîchir ses ouïes. Il se sent de nouveau tout léger et, comme auparavant, un bref mouvement de la queue lui suffit pour évoluer dans tous les sens.

Les herbes aquatiques se bercent au soleil couchant.
Et l'ombre et la lumière en un jeu coloré
font danser doucement des teintes délicates.
Ce monde merveilleux est sûrement le plus beau.

Le poisson sourit à la grenouille qui le regarde
assise sur une feuille de nénuphar.
"Tu sais," lui dit-il, "tu avais raison!
Un poisson est un poisson!"

Par Leo Lionni

à l'école des loisirs:

Petit-Bleu et Petit-Jaune

La maison la plus grande du monde

Un poisson est un poisson